T0068284

Siglo - Sueños
de Amor y
Sombra

Otras obras de Andrés C. Salazar:

Release from Cíbola

Seasons

A Chamita Family

Cíbola Spring

Siglo - Sueños de Amor y Sombra

Andrés C. Salazar

Número de Control de la Biblioteca del Congreso de EE. UU.:   2020920380
ISBN: Tapa Blanda   978-1-5065-3475-6
               Libro Electrónico   978-1-5065-3474-9

Información de la imprenta disponible en la última página.

Fecha de revisión: 21/10/2020

Para realizar pedidos de este libro, contacte con:
Palibrio
1663 Liberty Drive
Suite 200
Bloomington, IN 47403
Gratis desde EE. UU. al 877.407.5847
Gratis desde México al 01.800.288.2243
Gratis desde España al 900.866.949
Desde otro país al +1.812.671.9757
Fax: 01.812.355.1576
ventas@palibrio.com
821496

ÍNDICE

Para

Bernardita Corina Salazar

Sueños de Amor

El sueño es una fase de la vida, envolviendo el ser en un mundo lejano pero actual sino por un momento. No es posible vivir y no tener sueños que fabrica la mente tal vez porque necesita el amor que sea total y sincero. La vida nos da situaciones donde encontramos amor en gotas, con condiciones y a precio que sin falta nos quita el ardor que nos puede subir a un nivel alto de ectasia. Pues se requiere el sueño en el cual podemos gozar en una relación sin requisitos, soñando el placer que nos cuesta nada y donde el amor es profundo y en medida que nos satisface sin igual. Claro que podemos estar contentos con la persona amada que encuentra uno en vida propia, actual y en cual persona le falta aspectos que deseamos. Podemos invertir tiempo y adoración en tal persona pero es raro cuando dura amor generado así. Hablamos de cariño no del deseo físico. No encontramos tal falla en nuestro sueño. Todo es ideal en la persona adorada. Ahí está el misterio de literatura, la poesía, el arte del amor. Podemos imaginar nuestro deseo de persona, amarla e amarla sin fin, sin encontrar falla ni queja de actitud o fe.

Aquí se encuentran líneas de sueño utilizando un medio para recordar memoria del gusto – la poesía. Deseo de amor es natural, manifestándose fuerte en el ser humano y la memoria poética provee una salida o realización del deseo. No se puede oprimir lo que se puede soñar, creando imagen que nos da gusto y placer aunque no sea real. Tal imagen puede establecerse como patrón, en veces útil para encontrar alguien que tenga los mismos aspectos del patrón.

Bajo pino bello

Tome su mano en el verano
Cuando lirios cantan a la vez.
Llegamos a una selva
Atarantados del olor penetrante,
Tuvimos que descansar.
Nos paramos por un momento
Bajo pino echando bella sombra.
Estuvo todo en sincronía
Esperando señal de ternura.
Parecía que era tiempo
De hablar de compromiso.
No me acuerdo quien hablo primero
De enredos y promesas de gran nivel,
De día santo y aviso sin faltar,
Y habiendo oído de los hechos que castigan.
Yo estaba admirando rostro y cabello,
Gozando de su aura perfumada,
Probando el idea de tocar,
Pues, perdido en lo sensual.

¡Escuche bien señor! Me gritó por sí.
Dígame de donde viene su pedida
Y como le parece la fecha fija
Y el modo de la boda y hogar.

Asustado de respiro y cariño abrazado,
Habíamos empezado al murmuro,
Mi sentido palpitando sin parar
Echados al suelo bajo pino suelto.
Despierto ya, con labor y garganta seca
Hable de mi sueño, realmente
De ser hidalgo con rancho amplio
Aunque sea solo sin familiares.
Seguí algo tartamudo, todavía acostado,

Es mi destino, negarme nunca,
Detalles no los tengo precisamente.
La carrera se devuelve en la busca
Cierto del sentido que me guía.

Se levantó la moza, algo enojada,
Ajusto sus naguas y habló sinceramente.

Entiendo que los sueños no cuestan nada
Su porvenir es un dibujo en realidad.
Quiero vida mejor de mis padres
Mis hijos serán las flores de mi tarea.
¡Disculpe que mi cariño tenga más valor
¡Que un placer bajo pino bello!

El enojo no era serio
Me parecía que punto fuese hecho
Y ahora pudiéramos continuar
El deseo natural en día tan bonito.
Tome su mano como caballero,
Le di mis ojos que entendían
Lo grave que era un beso,
Y el enganche de un abrazo.
Se sentó la señorita
Dándome la sonrisa de permiso
Me besó como loca
Su lengua me ahogaba
De ese punto no sé qué sucedió.

Me acuerdo del regreso a su casa
Los lirios seguían en su canto
Todo se olía más dulce,
Sintiendo ropa llena de agujas
De un pino compañero,
No le pregunté detalles.

El Mar Me Dice

El mar me dice
Que eres mía.
Serás calor de lo siempre
En el sueño y en la vida,
Rocío verde, colores nuevos,
En la mente de lo suave
Hecho entre nieve pura
En el tiempo de lo dulce
Y la lluvia para florecer.

El mar me dice
Eres olas y ritmo rico,
Juntas manos, señal divina,
Y de baile siempre.
A mí de coro cantan
Que reciba ásperos altos,
La salvación que viene,
Enamorado con razón.

EL ÁRBOL ESTÁ EN CELOS

El árbol está en celos del sentido
Que me carga por tinieblas sin descanso
Su fuerza hecha miedo a los de encima
Que me dan paso libre a tu casa de deseo.

Llora el al cielo y todo azul y blanco
Las nubes dan suspiro al oír tu nombre
Me cuentan del tesoro y tu regalo
De brazos en la noche consentida.

Sus llantos me exclaman que eres de poca vida
Que se muere el placer de estar contigo,
Que el mundo es de polvo y ceniza
Mejor es admirar y dejar de corazón.

Reconozco versos dulces pero traicioneros
Recurriendo siempre en el ser del inocente,
Valioso el cariño de un momento tuyo
Que se imprima en alma de eternidad.

NOVIA CON MANOS GRANDES

Cerca de un riachuelo por el valle
Vivía una viuda con varias hijas.
Su marido murió en el revuelto
Hace cuantos años de tristeza.

Llegué de visita a mediodía
Sus perros ladrando ala mula
Hasta que vieron que era yo,
Ladino y sincero, con traje de los montes.

Disculpe la molestia, señora estimada,
Vengo a pedirle su atención
Por un asunto muy sencillo
Sino con beneficios a los dos.

Sabe Usted que soy hombre de la siembra
Mi hogar le falta esposa y compañera
Que pudiera dar ayuda y herencia.
Por eso le pido la mano de hija suya.

Señor, soy viuda con poco de ahorro,
Tengo pena de soltar activo por su cuenta
¿Cómo me recompensa el valor de pronto
Y además en mis años de viejez?

No se preocupe de mi pedida.
Soy bendecido de huerta y ganado
Le enviaré fruta de terreno anualmente
Mientras sea suegra amando mi familia.

Es muy amable de su generosidad
¿Cuál de mis hijas le gustaría más?
¿Sería joven, la más bella, la que canta,
Religiosa, obediente, o la mayor?

Me queda bien su selección final
Prefiero esposa que adore hijos y no joyas,
Novia con manos grandes sin descansar,
Apreciando marido, monte y el Señor.

Tengo Tanto Aquí

Mi meta es olvido
Cuando estoy contigo
Cuanto más me duele
Sale todo en seguida
Con la calma de tu cara.

Podré seguir sufriendo
Después el día y más la muerte
Porque estás aquí y pronto
Das ambiente bello
Y descanso sin igual
Dados con tus ojos verdes
Que de cielo son y paz.

¿Habrá más en otro mundo?
¿Imaginado por poeta fino,
Que más tendrá, tengo tanto aquí?

De La Ventana

De la ventana se ve la nieve
De remolino y tristeza
Tapando todo el mundo
Y lo verde poco
Haciendo frío y molestia
Que no se quita de durar.

Aquí estamos otra vez
En la ventana, mirando nieve
Pensando dulce reunión.
Se falta realidad
La ida de muchos años
Clavado en el corazón.

.

En la ventana está el zafado
Con cencía de lo que era.
Por el vidrio se ve la vida
Congelada en el viento,
Chiflando llantos sordos,
No encuentra fin de su dolor.

Era en la fiesta de San Juan

Era en la fiesta de San Juan
Que te quise dar mí nunca
Por sencillo y grande ilusión
Bajo todo el triste antes
Y después de noche sola
Conté cuantos equívocos
Hechos en la piensa mal.

Era en la fiesta de San Martín
Que veía tus ojos verdes
Y me puse en triste aire
Que no desfrutaba antes
De esta clara bendición,
Despierto ya muy tarde,
Tarde de alegría cierta.

Era en la fiesta de San Antonio
Que solté el ser tapado
Hecho en el tiempo alegado
Con mente escamada
Te eche de menos con todo siempre
Enjoscado que vino escurana
Con su soledad pendiente.

DIME LO QUE QUIERO

¿A quién le guardas este tiempo
Que no me das a mí?
Tiempo que me pasa, pasa
Lejos del cariño
Afuera de lo que cuenta
Deshecho en la cal.

¡Dime que me dices!
¿Cuáles son mis horas,
Cuando veo brazos llenos
De lo que tienes para mí?

¡Dime lo que piensas
Cada cita en la noche!
¿Cuáles manos quieres,
Cuando puedo ser de ti?

¡Dime lo que quiero
De encantos en etapa larga
Dedicada en mí nombre
Con escenas donde cantas
Versos que me ponen quieto
Con ansia solo para amar!

Hijo dela finca

Ando en camino con tarea,
Un despacho del mayordomo,
La entrega es muy urgente
Delo que traigo en el saco.

No le molesta tantas millas,
Mi caballo sabe de mi alma.
Se fuera conmigo al infierno
Está cierto de mi fieldad.

Trabajo por sueldo bajo
Aunque no haya queja
De resultados que entrego.
Imagino que la cita se acerca.

El jefe se pone de pregunta:
¿Porque me pides esto?
Incremento me cuesta tanto
Sabes que eres hijo dela finca.

Disculpe, que estoy de novia,
Intento de ser un padre.
En seguida sigo listo a servirle
Pero veo el pago como escaso.

Me ha tocado el amor muy fuerte
Mi novia está de acuerdo
Su finca tendrá más valor
Con ayuda para mi casorio.

Dios lo bendiga por este asunto
Es el caso de dividir mi vida
Entre puesto y familia
Tenga piedad de un pobre.

El señor se levantó lentamente,
Saludando las noticias mías.
Yo pago por esfuerzo, dice el,
No me conviene apoyar amores.

Animada de la fuerte luz

Apagándose el día delicado
Y la luna con las nubes
Yo te pienso mismo
Como un resuello lento,
Ancho más que cielo,
Más que tiempo atrevido
Más que lo cuenta
Y lo que sea y más atrás,
Alto con estrellas,
Contento en la paz.

En el miedo del vacío
Y lo que queda afuera
Yo te quiero suerte
Antes ángel y después el fin,
Corriendo lejos de lo este,
Lejana de la muerte
Animada de la fuerte luz.

Los caballos tienen dudas

La tarea no termina;
Mi sudor se resbala,
Bajo sol dominante
Más que jefe sin piedad.
Los caballos tienen dudas;
El trabajo le falta meta
Siguiendo ritmo sin sentido.

Les hablo con cariño
Pero están convencidos
El diablo se ha metido,
El robo dejando poco sano,
La vida jira y ellos saben.

¡Ándale! Les grito con voz ausente,
Desmorecidos con la risa,
Mi ruego no les llama atención;
Siguen con preguntas
Que no puedo contestar.

Adivinan el asunto de anoche
Cuando te tenía en brazos lisos
Contando tiempo muy despacio
Para disfrutar olor de flores
Y el rocío de tu cuerpo.

Memoria que no me escapa,
Prisionero día y noche,
Se burlan los caballos
Del hombre mareado de amor
Que no puede manejar.

NOVIO CON DESGANA

Llegamos dela promesa para siempre
Testigos, los amigos de juventud,
Me aconsejan de relaciones más profundas
De estar contigo años tantos en amor.

Suenan fuerte las campanas de pareja
La entrada a dominio de sacramento.
¿Estaré listo, mi guardia y protector,
De afirmar lo que he dicho en privado?

Me acuerdo que era en pasión de noche
Enredado en tus brazos y cabello liso,
Tomado con licor de tus labios.
Sentí que estaba suelto, tal vez aturdido.

Hable de casamiento, eso es cierto.
¿Pero era estable pensamiento?
Imagino que encanto si controla
Las cuerdas en tal cuenta de querer.

De acuerdo estamos que yo te amo.
Estar contigo es maravilla que no termina.
Te has hecho vitalidad requerida
De mi mente para siempre.

Tal vez el miedo se ha metido,
Se pega como órgano permanente.
Otros lo acomodan sin cualquier queja.
Con tiempo me avisan estaré contento.

Me llaman novio con desgana,
No hay caso de darse pena.
Lo extraño en mi cuerpo es normal,
Pronto se calma lo que siento hoy.

Creo en lo que dicen, magos de mi sitio:
Mi ángel vigila la salud de matrimonio,
Haciendo en silencio más fuerte
El cariño de promesa y la fe.

Puñetazo del amor

Tus ojos faltan gusto de ayer,
Miran lejos ya de mí.
Volteé en un momento
Y te perdí en lo antes.

Ya estás en otro mundo
Con otro interés y otro tiempo.
Es el riesgo que tome,
Se me fue la rienda
De la promesa que te di.

Me pongo a recorrer
Escenas del encanto.
¿Qué era lo que dije
A estatua del engaño
Abierto y desnudo?
Me desmayo del error
Y puñetazo que dar amor.

La letra canta por demás

Entre cada letra que pongo aquí
Hay ardor y vida por demás.

Cada letra se pusiera a bailar
Juntas en palabras como están,
Cantando alto de humanidad
En vida corta de juventud.

En coro letras cuentan
Las cosas alegre que te doy,
Más ternura que yo tengo
Puesta en baile a tus pies.

Ya se ríen del autor azonzado,
Convencidos no hay duda.
Su sentido salió de viaje
Solo queda recado de la mente.

Sea letra permanente
El amor es mucho más
Que ni letras ni su tiempo
Ganarle puede en esta luz.

BAJO EL MANZANO

Se metía el sol cuando me senté
En silla del jardín al bordo de la casa,
El manzano daba sombra de sobar
El calambre del día agobiado.

Las rayas en el horizonte rojo apagan
Cualquier queja que me sigue.
Era ocasión diaria después la cena
Y tareas del rancho y golosa criatura.

Animado de cosecha amplia y diversa,
Esperaba protesta de los huesos viejos
En las vísperas que llegan a si pronto
Que sin hijo ya casado con carrera.

La señora me acompaña a lo pronto.
Se sienta conmigo bajo el manzano;
Me cuenta de asuntos de mucho antes
Que era soltero con manía loca.

Le cantaba canciones que no conocía
Con guitarra floja de un amigo.
Me rechazaba con ventana cerrada
Burlando de mi tontería y serenata.

De licenciado o financiero esperaba yo,
Imaginando casa grande y coche propio
Para dama honrada en bienestar,
Que se desmaya uno de tanto lujo.

¿Qué me dices, mi amor divino?
¡Yo, que no quise otra, con dote o no,
Escogí del cielo, cierto de mi destino
Te quería al primero, te amaba por lo fin!

No te molestes, mi caballero retozador,
Me di cuenta que eres de la tierra
Como son mis padres que te conocen
Igual de ser humano y guardia celestial.

GANAS DE AMARTE

Me dan ganas de amarte
Pasado tiempo de los años
Pasado de las luces,
Después paredes y canciones
Arriba tierra y los cielos
Bajo ruido y la mente
Sin vergüenza y con las aguas
Cayendo siempre en la cara
Hechos dos y uno fuerte,
Dejando nada para esta vida
Por lo verde y entre espanto
Que te doy ayer y hoy y siempre
Atrás de mundos y lo oscuro
Atrás, atrás y los llantos
Me dan ganas de amarte
Atrás de espantos y los años.

¿ERES UNIDAD DE MÍ SER?

¿Eres unidad de mí ser?
Campanas en la tarde y capilla,
Alivio de la noche mía,
Árboles cantando en cielo azul.
Primavera, el sol alumbrando,
Nieve en el monte siendo,
Sintiendo primavera fría.

¿Eres unidad de mí ser?
Corriendo en las lomas,
La playa y corriente,
El pájaro volando y lo libre,
Dios mirando, santa bendición.
Niño, música de coro,
Mañana se hace lindo día.

¿Eres unidad de mí ser?
Regalo y el gusto
Sintiendo vida en la alma,
Brazos llenos en la noche,
Hojas verdes en el viento
Chiflando todas, y lo siento
La ternura en la cría.

La letra es mi vida

La letra es mi vida
Creando mundos.
Imagino de un día antes
Me acercas con mirada
Que viene de la amistad,
De enganche agradable,
Es el gusto que invoca.

Fue encuentro fortuito,
Lo extraño que no espera,
El libro que no cumplí,
Que alegre se pone uno
Al reconocer el gozo de ayer.

Había hambre para divertirse
En oportunidad abierta en el día,
Sería el acuerdo entendido,
Nos pusimos en secreto
Bajo olmo conveniente
En el bosque escondido.

El pasto estaba fresco
Tu resuello era encanto.
Tu cabello me invita
A conocer lo bello.

Aprovechamos del momento
Que nos da la juventud
Imprimida en la letra
Para gozarla por eternidad.

Quitándome de ti

Quitándome tus ojos bellos
Me tapas ya el sol
Seguro y con ellos
Veo mundos en la cal.

Quitándome tus manos
No recibo yo la vida,
Deshaciéndose en mundos vanos
Y poniéndome en olvida.

Quitándome tu sonrisa
Veo todo en oscuridad
Lleno de molestia y sin brisa
Agotado en mi soledad.

Quitándome ya de ti
Sabré nunca yo de mí.

Contigo en la Playa

Contigo en la playa
Conducido por ola grande
Al honrar el ser divino
Tengo fiebre de mortal.

Se comienza aquí mi vida
Cerca de las ondas y el mar,
Cambiaremos aguas ya de sal
A aguas limpias de soñar.

El sol es ambiente
Casado con océano
Urge el cumplimiento
Y nos junta el destino.

El viento no se fija más,
El tiempo vuela sin contar
Corriendo nos deja ir,
Siguiendo ambos sin el fin.

Solté Amor Ayer

Solté amor ayer y voló con tanta fe,
No pude ver a donde fue,
De tantos años encerrado en mí.
Desesperado, pero te sigue a ti.

El deseo anda libre y descalzo
Como flecha con rumbo cierto
Sin detenerse con el miedo
Pensando que todo es un juego.

Se lleva mi corazón abierto
No sabe que me siento muerto
Si llega a casa y se pone terco
Por no abrir el dulce puerto.

Ruego que me abras por favor
El deseo cansa pronto con labor
Comprometo siempre el cariño
Alas mochas, quietas a sabor.

Te llevo de la mano

En verdad de un sueño
Te llevo de la mano;
En lento paso vamos,
Unidos a un verde llano.

No importa cual día era
Sobre olas o las nubes,
Era tiempo esperado;
La hora ha llegado.

El destino está muy lejos
Dela vía llena de peligro.
Nos acaba el esfuerzo
Sin agua o descanso.

Caminamos en la noche,
Sintiendo nuestra senda
Entre chico y la cholla
Evitando agentes de la jura.

Me acuerdo de mi sueño;
El viaje era duro;
Nos pusimos a dormir
Bajo luna de la suerte.

El destino era un ojito
Al otro lado del desierto.
Nos quitamos del dolor
Juntos sobre suelo duro.

Te llevo de la mano
El día de los santos.
Es el viaje que nos toca
Cuando ya no hay espera.

TENGO PRISA DE CONOCER

Tengo prisa de conocer
La dulzura de tus brazos
En grandeza del deseo
Y antes que nos digan
Que perdimos la niñez.

En la noche me viene pena
Alargada sin descanso,
Pensando de lo que fuera,
Juntos como inocentes,
Al celebrar la juventud.

Tengo prisa de conocer
El rocío de tu cuerpo,
Con cariño del momento;
La mano que se mueve,
Ojos fieles por la hora,
Será placer sin igual.

Pérdida de Ojos Verdes

Lo que siento es la pérdida
De ojos verdes y consuelo mío
Dado lento amistad,
De cabello tuyo y la paz,
Lo que eres en el campo
Oliendo flores puestas todas
En el reino del Señor.

Yo lo siento en el miedo
Que eres lejos en mundo frío,
En el sello y ser de otro,
Los dos haciendo inquietud
De mi alma y las flores,
Causando muerte del deseo

Bosque de la mañana

Tengo sentido de mortales,
Culpable del deseo pegado,
Dulce rostro lleno de amistad,
Apagando fuego de tristeza,
En esta ciega noche mía.

Sierra de los amantes,
Bosque de la mañana,
El sueño que molesta,
No cierra el camino
De pensar de mí destino.

Humilde, humilde vengo
Con la mente de tenerte,
Jamás en dulce reunión
Y llegar a solución.

Aurora es cercana
Que te llevo a corrida,
Con ánimo de juventud,
A lo quieto del cariño.

DURA POCO MI RESUELLO

Es difícil alcanzar resuello
Y saber en cada hora
La sombra que tú haces.

El sabor de tu vida,
La corona que es la falta
Dura siempre la espera.

Y en saber de arruga,
Y árbol que se cae,
Siento manos con dolor.

En el despacho de la vida,
Más me dejes,
Dura poco mi resuello.

Solo Yo Lo Siento

Me traes el día santo
De quererte en la buena
Luz y felicidad sencilla.
Tu cara me trae el sueño
En la noche y la larga
Paz de contar mi suerte.
Tu visita le da espanto
A los miedos y en despierto
Se para el maldito tiempo.

La hora conmigo es un encanto,
En celos se pone todo el cielo,
Solo yo lo siento.

CÉRCATE

Te tengo en noche buena
Con estrellas y pocas nubes,
Se da viento escalofrió
Pensando en el momento
Que me dabas con tu cara.

El cabello de tu gracia,
Largo como rayo,
Se estremece a lo largo
Mi deseo latente,
Casi tonto y desnudo.

Cércate y dame tiempo,
Tu ser sea el destino
Alcanzando la ternura
Del descanso de un vuelo
Y brazos para soledad.

Día de Belleza

Quiero pasar contigo
El día de belleza
Hecho bien y suave,
Las horas llenas
De cabello suelto.

Que gusto me darías
En rodillas de amor,
Quieto, sin hablar lo vano
Sin mirar lo lejos,
Solo a desfrutar el día.

Habrá golpes a mi seno
Estrellas que se esconden,
La canción se pone ronca,
Si no te doy
El amor resonante
Al terminar el día.

CALLADOS ESTAREMOS SIEMPRE

¿Porque no hablamos
Con tus ojos verdes
Que supieren las altas nubes
Que se acuerdan de bienes antes
Y los que vienen fuertes más?

¿Pero qué palabra será igual
De sienes de belleza
Nunca visto en tal lugar
De consuelo y alivio merecido?

Callados estaremos siempre
Con tu cabello así
Y cara linda en nuestra paz.

JUEVES ERA

Jueves era que yo te quise,
Incomparable gusto esperado,
Corriendo por país amoroso
A través del mundo en revoltijo.
Jueves era, yo estoy cierto,
El día no me quisiste ver.

Tiempo no tenías por visita
O luna, estrellas puestas sobre mar.
¿Qué urgencia de arreglar?
¿Mundos a salvar?
Jueves era, yo estoy cierto,
Sufrí el daño de mi ser.

Soy hija de mis padres

Es cierto de su cuerpo alto
Me podría defender contra todos
Que atreven molestar mi puesto,
Señorita sin mancha o mentira.

He contado a mis padres
De sus intenciones buenas
Alabando el sagrado conjunto
Y casorio de lo pronto.

Por mi cuenta sabe que me honra
Con interés y promesas inviable
Soñadas por cualquier mujer
Aunque no sea la verdad.

Después de suplicar por su caso
Me dicen que no hay modo
No hay ni miseria de suerte
La posibilidad de casarme con Ud.

Hablé de su traje limpio
De caballo buen cuidado
Con silla de plata y testigo
Al modo de su dueño.

Que se porta con respecto,
Listo para defender
Su vida libre y derecha
Con pistola a su lado.

Lo que falta es su terreno,
Los llanos de hidalgo
La línea de herencia
Y lujo de sus padres.

Ud. es guapo de juventud
Hijo del viento largo, con planes en el día
Ausente en la noche, determinado
En busca de oportunidad incierta.

Soy hija de mis padres
Que rezan por la vida quieta
De huerta o ganado
Con nietos que puedan abrazar.

DE AMORES NO SINCEROS

Los años de enojo pasan
Llevando con ellos lo perdido.
Son los que matan el calor
De existir en ese tiempo
En busca de un ser sencillo.

Los años cuentan doble
En juventud sencilla,
Época de placer intenso
Cuando llega uno al destino
Creado por una muestra
En espera de su vida.

Los años vanos pasan;
El mundo no se detiene
Pasando por mis manos;
Quizás era sueño propio
De amores no sinceros
Y con ellos paso yo.

ORILLA DE LA NOCHE

Los años apilados traen dolor
De amanecer con cuerpo amarado.
Me tarda momento en apreciar
El rayo entrando por ventana.

Me pongo algo ciego y sordo
Después noche de niebla y disgusto.
Apenas llego de pensar
De que espera la madrugada.

Me levanto con pies del invierno.
Mientras mi sentido empieza aclarar
El cuarto polvoso que deje ayer,
Rezando por memoria del encanto.

No te molesto por atención;
Tengo dudas de sanidad;
Cada día de viejez encuentro
Un viaje largo en dolor.

Eres vista deseada en mi sueño,
Canción que calma con respiro,
Como tiempo de los jóvenes,
Gozando de la fiesta en salud.

Me llaman al concurso ahora
De averiguar el calambre de edad;
Es plaga permanente al final
Que da pena con resuello.

Callada en Mis Brazos

Callada en mis brazos,
Mil modos de tenerte
Te doy los detalles de querer.

La pena que oscuras,
Figura que me dejas,
En recuerdo de ternura
El día sonoroso
No puede detener
Oficio solo de pensamiento
Escogido, haciéndose deseo
Que se cumple sencillamente
Con el juicio de edad.

Tus Ojos Son Los Ríos

Tu vida es el calmo que me das con sombra fresca
Caminando en el llano, libre de rumbo fijo
Por el monte con el viento, en el frío y verano,
Me das un tiempo que me dura este año.

Tu mano es el manto que me cura lo herido
De insulto y más de otros en vida vana
En busca del país que merezco por mi parte
Ando desafusiado y tirado al frente.

Tus ojos son los ríos que me borran la congoja
Poniendo claro todo, veo la flor en ti,
Veo luna bella, joyas en tu cara, diciendo sí,
Cantando como coro, sí y más que sí.

Pasando Años

La vida no es mía
Que no me das tus ojos
Bellos, para ver lugares
Donde fuimos juntos
A sierras del testigo
Ellas en envidia
Con angustia que no para,
Pasando años sin amor.

La belleza no es mía
Que no me das tu tiempo,
Bello para oír canciones,
Despertando países de un sueño,
Se ve el sol al fondo,
Inspirando parejas naturales
La forma no importa,
Pasando años con amor.

Quiero Tu Pensar y Falta

Quiero tu pensar y falta
Lo que seas y lo que eres
Envuelto todo con los míos.
Quiero más que puedo,
Perdiendo más lo bello,
Que corto tiempo hace poco,
Porque cada letra come vida
De lo que fuera el deseo.
Ya demás y ya será
Estar contigo y revisar
Mis palabras y mí siempre.

Te quise ayer

Te quise ayer
Pidiendo lastimoso tiempo
Tocante mi cuestión
Sobre lo que tejas
En la tela del corazón.

Te esperé ayer
Desesperando verte
En manera de desear
Y gozar otro encanto
En visón del sueño antes.

Te vienes hoy
Poniendo tarde tiempo
Que enviejase el ardor
Pasando la mañana,
Se perdió la ocasión.

DESEO PRESENTADO COMO REY

Lo que hemos dicho
Escapa de verdad.
Son palabras de la mente,
Mentira hecha en maldad.

Lo cierto es aspiración
Deseo presentado como rey.
Tus brazos en los míos,
Tu cara bella y sonrisa
Consuelo mío, alivio que me das,
El calor que vemos en el frío,
Juntos siempre de estación
En resuello de humanidad.

LA CARRERA DE LOS GRIEGOS

¿Oye- porque te sientes así?
Mira la estrella que vislumbra,
La tierra dichosa con espera,
Abierta para ti.

Dame tu mano y vamos
Por selvas delicadas
Sobre mares que nos cantan
Sus aires embriagantes.

Bailaremos en la lluvia
Sus gotas como rayos
Inspirando el placer
De estar contigo una vez.

Cuando no estoy contigo

Cuando no estoy contigo
Mi vida se revuelve en humo
Y no puedo conocer
El cuerpo de deseo.
Tú ausencia en la mañanita
Genera golpe que lo siento
Cuando solo en camino.

Que se de mí cuando pienso
De lo que fuera allá,
En el rincón de verde,
Contigo con sol contento
Pensando nada más profundo
Sin que la razón me deja poco.

La moza mentirosa

Mi vida es espera larga
La mente me conseja.
El cariño es costoso
De moza mentirosa.

Me pide un rato poco más,
Vale la pena y es justo
Me dice con sonrisa que desarma.
Me quedo mudo y desnudo
Con un bezo en el aire.
Mi pecho suena de tambor
Al oír su voz alegre.

El gusto sería más celestial
Más tardecito, mi caballero,
Me esperas corazón amable
No me tardo en rodilla a rezar.

Tengo deuda de iglesia
Mi abuela me enseñó
Juro que vengo pronto
Tranquilo siempre, mi amor.

No es el mediodía de la ansia,
Es molestia por lo tanto,
Pero siento agonía maldita -
El tiempo duele sin cesar.

La noche viene a desanimar
Los deseos que cuidaba bien.
Siento engaño como navaja fina
Que pica tiempo de amar.

Este Vicio de Amor

Sentada, cerca de la luz
Sus ojos apretados,
Manos a la cara
Con miedo por fin nos tiene
Afuera de la mente
Este vicio de amor.

Alma se pone hambrienta,
Y se pierde en este cuarto
Cansada de lo que esta
En ayuno de la sombra
La mujer llorando
En el viento del deseo.

Palabras eran de los miedos,
La niñez e historias
Cantadas con sonido sordo
En día frío, esperando el temblor.

Después de sufrimiento,
Después de lágrimas pesadas
En su boca y en sus brazos,
La palabra de un diablo
No le gana al amor.

Nos Esperan

No pongas tu codo así
Ni cierres ojos lindos
Ves que nos esperan
En el Valle de San Juan.

Ahí está el hoyo santo,
La tierra que nos sana.
Dejando penas y dolor,
La fe consume la maldad.

Nos esperan en el conjunto,
Rezando se levanta cielo.
Cincuenta pasos de rosario,
Llegaremos al bienestar.

Hay que tener la prisa,
Ves que nos esperan
En el Valle de San Juan
Donde veremos al Señor.

Alguien en la noche

¿Dónde vas mi vida,
Guiada por vista libre
Con tanta ilusión
Amarada, descalzada
Ay pero dónde vas?

¿Dónde vas mi vida
Sobre senda de peligro
Inocente y desnuda,
Cansada de tontería,
Ay, pero dónde vas?

¿Dónde vas mi vida -
En barco sin vela
De llantos sosegados,
Oídos sobre mar inquieto,
Ay, pero dónde vas?

¿Dónde vas mi vida -
Te llaman con regalo
El engaño envuelto fino,
Promesa del salvación,
Ay, pero dónde vas?

¿Dónde vas mi vida -
Se encuentran pantanos,
Huertos que son vanos,
Se pierde luz de luna,
Ay, pero dónde vas?

QUE FÁCIL CORRE EL AMOR

Que fácil corre el amor
En la juventud del día.
Vibrantes son los muslos
Despertados por rocío,
El sentido no tiene fin.
El empiezo se queda lento
Hasta que llegues tú.

El verano trae corridas
En mundo de juguetes;
La risa no tiene fin.
Se obliga uno a lo poco
Por este tiempo de regalo,
El cuerpo para disfrutar.

¿Y cuando sea el otoño,
El paso muy pesado
Con viento ya muy seco
Cansado de las nubes,
Vendrás a verme flaco?
¿Durante días que se ponen cortos
Me ayudas con cosecha?

En el invierno te hecho menos,
El frío me pone muino.
Hablo como un viejo
Con recuerdos de mentira.
¿Me hablas con cariño
O me llevas de la mano
Al rio para renacer?

Mi sueño viene en la noche

Mi sueño viene en la noche
El silencio ayuda con el golpe
De parar cualquier sentido.
Se asusta del tiempo frio
Está extraño cuerpo viejo
La mente acalambrada
Así después de viaje duro.

¿Estarás conmigo al toque de la mano,
Echando lejos pesadilla,
Tapándome con tu manto,
Quitando dolores de tareas?

El amor es curativo,
Su paciencia a lo largo,
No hay razón de negarlo.
Las arrugas no dan miedo
Aunque cielo sea oscuro,
Mi cabello sea blanco,
Cuando sepa yo de tí.

La escena del entierro

El sacerdote acaba de rezar;
Nos persignamos otra vez.
El coro empieza a llorar
Otro canto del día tan oscuro.

Me prometí que mis ojos no iban a mojarse;
Quería ver muy claro la escena del entierro,
El abrazo de cada amigo que hizo caso
De alabar tu risa, fama y amistad.

Uno por uno hay recuerdo de ocasión
Cuando ponías atención a queja o herida.
Me dicen que no pueden olvidar
La fuente del cariño que calmaba el dolor.

No hay remedio de ausencia tuya;
Los hijos ofrecen lo que pueden,
Sus vidas llenas de compromiso y familia.
Es mejor seguir camino solo y tranquilo.

Tengo tesoro de nuestro tiempo
La pasión, viajes, hijos que dan orgullo como pena,
El idioma de apoyo que usamos con una voz
Para engrandecer amor y la herencia.

Pero no te niego que tengo miedo
Del cambio y riesgo de estar solo;
Espero que los huesos duelan más,
El sueño no me alcance como antes.

El medico estará listo con píldoras;
Los nietos dirán chistes para compartir sonrisa.
Seguro que los amigos ofrezcan cerveza;
Viudas vendrán con soborno de baile o teatro.

¡Ay dolor de amor, me dejas en invierno
De la vida! ¡Me pones alma en prisión!
No se pueda borrar vida tan feliz.
¿Habrá espacio para empezar de nuevo?

Ayuda de amor

Vengo con dolor y pena
Un hombre de llanos lejos
Soltero y herido desde mucho tiempo.
¿Que gano de quejarme diariamente?

¿Porque suplico descanso de la luna
O de nubes que desmayan
Mi suerte en la busca de cariño?

Estoy de pie y salvación pura
Que viene de amistad sincera
De la gente que espera.

En día sin cobra y solano
Estoy aquí al frente de miles santos
Pidiendo ayuda de amor.

Sueños de Sombra

El ser humano quiere creer que el mundo no es engañoso, que siempre hay bienes que se logran por esfuerzo dedicado y honesto, que la gente nunca pierde el respeto por la naturaleza ni por sus hermanos, que nuestro existencia tiene dos metas –mejorar nuestro bienestar y replicarse con hijos que adquieren nuestra sabiduría. Es importante que el conocimiento crezca en relación con cada generación. Transferencia de crecimiento es posible con la letra, con canción e historia. La cultura se atora si no se dedica la gente, si les olvida que crecimiento depende de informar la próxima generación de la importancia de idioma y escritura.

En el caso de Nuevo México, sus colonizadores vinieron con esperanza de coger terreno, establecer herencia, merecer título, y ser parte significativo de un nuevo reino del Rey. No se llevó de cabo las aspiraciones de nuestros antepasados. Vinieron con fe en su capaz, en su Dios, en su Rey y en muchos casos que el futuro por sus niños sería mejor aquí que en el lugar que dejaron.

En tiempo, con herencia poca, la tierra cuzca, generación después de generación encuentra pobreza profunda que confunde con engaño de otros, especialmente extranjeros o personas de otro tribu. El conflicto que sigue no se resuelve hasta que todos estén convencidos que hay valor para todo el mundo en colaboración, toleración, y educación. Hasta que no llegue ese día, vivimos bajo sombra.

¿QUÉ PODEMOS ESPERAR?

El día era de nubes negras
Y la campana sonaba hueca.
Era tiempo para escoger parejas
Cuando vientos llenan tanto miedo
Colmándome de peso grande
Que ni rosario me dejaba olvidar.

Contaba la bruja muy amable
De sueños perdidos antenoche.
Empezaba fila de maleantes
Con murmuro de versos sosegados
Bajo olmos oscilando de maldad.

Me acuerdo de ese tiempo
Cuando pájaros paran de cantar,
Las flores se ponen quietas,
Zozobra viene con su manto,
Cubriendo mundo totalmente
Como niebla de espinas cholla.

No hay ruido de los ríos,
El ambiente aire se pone frio,
No se ve la noche estrella,
Dando más la luz con ella
Ni podrá el mundo ya brillar.
Se me ve el cielo tan borroso
Y poco rojo. ¿Será de llamas?
¿Qué podemos esperar?

Al llegar

Mis pasos no agregan
No importa que tamaño,
Creando ansia que no llego,
Pasando pinos y olmos altos.
¿Era ayer cuando empecé?

Me eché de camino largo
Porque era viaje de compromiso.
Alcance de modo y manera
Le dije que era cierto
El favor de pagar lo que debo.

La mula me sigue mientras
Cree en valor del destino.
Así lo es en casos del pasado
Aunque haya sol y viento
Poniendo pasajes de dureza.

El polvo entra como espinas,
Otra prueba que busca la verdad.
¿Es dura y fina la promesa?
¿Hay premios por tarea celestial
O es la suerte del cornudo
Que nos persigue hasta el final?

El sol es de todos

El sol es de todos,
La tierra toma el sudor.
¿Siembra de mi alma,
Que has hecho con Jesús?

Los años eran duros,
Lloraba yo de noche
Las quejas que no terminan
Con dolor de mediodía.
La mujer murió de espinas
Los días trajeron sin cesar.
El mago era traicionero
Y no calmaba su enojo.

Mis hijos vinieron de montañas.
El odio los mató.
Andaba yo de viaje
Con asuntos que no valen,
Con pena del registro.
Perdí lo más valioso,
Lo algo que es mi nombre
Después de años de llorar.

La arena es mi madre,
Rezamos por la lluvia.
Soquete con la paja,
Levantamos la pared.
¿Qué seguro estamos en hogar?
¿Con miedo del temblor?
¿Con vecinos que no hablan
De tierra compartida y la paz?

Qué triste sin hermanos,
Cultura sin sentido,
Amigos que se olvidan
Con rabia tan intensa
Encuentro estos que miran lejos.
Es idioma que no entiendo,
La historia se va cambiando
Aun los muertos no me hablan.

Tuvimos fiesta por un tiempo,
Celebramos nuestra amistad
Entre hijos de dos nombres
Rezando en iglesia con tambor.
Los santos eran guías
En la huerta y ganado
Más esfuerza defensiva
Contra actos de maldad.

Vienen otros en grande chusma
Declarando vista de molestia
Con demanda de justicia.
No se permite discutir
El pleito ni detalles.
¿Quién será el hombre sin pecado
Atrevido, listo con visión
Que se pueda admirar?

El sol es de todos,
La tierra toma el sudor.
¿Siembra de mi alma,
Que has hecho con Jesús?

SUEÑO

Me espantó el sueño
Y espero que me lleves
Lejos, con pies de hueso.
No tengo miedo de soltarme
De mundo oscuro y neblina lenta
Cuanto tiempo falta
De ser lo débil
Con una vida larga.

Sueño, que me espanta
Libre como aire en revuelto,
Me lleva con las penas
Lejos de mi madre.
Través países que no cobran
Años de mi vida tonta
Que no le cuestan
La mente de juventud.

EL CUENTO DESARROLLADO

Que me lleven en coche negro
Porque no aguanto puesto
Desarrollado en mí nombre.

Primero falta la familia, padres,
Y los ángeles de la juventud.
No hay árbol verde, ni pozo blanco,
No se ve vereda sumada ni dibujo
Propiamente designado para mí.
Esperan que salga contra onda larga
Abriendo llagas al viento amargoso
Más gavilla de ramas que azotan,
A la vez probando venenos del encuentro
Y dichos sucios que se enfrenten.

¡Ángel guardia, escúcheme bien,
Bajo el cuento dirigido a mi puesto,
Mi vida sería colmada de serpientes,
Mis pies enredados de lamentos incontable!

Caminando, el amigo se asustó.
Era mediodía de nuestra prisa,
Peregrinos con dudas en el pecho
Que el baptismo nos entrega
Como prueba de la fe.

Mirando, era un pobre viejo
Ojos caídos y sinceros
Su traje roto de injusticia
Nos pide dirección del Señor.
Abatidos nos quedamos mudos.

Suplica con palabras llenas
Y respeto del antiguo año,
Esperando salvación de errores,
Olvidados del entierro antes.
Yo contesto con dicho vano
Y permiso ignorante.

Mi amigo se pone listo,
Dándose cuenta que la petición
No se sabe cierto ni se halla escrita.
Es la busca de todos vivos
En cualquier camino que se sigue
Como el bendito de Chimayó.

Humilde, mi amigo da consejo
Al suplicante desconocido:
Mire, somos inocentes,
No sabemos de lo que pide
Tal vez nuestra oración
Le pueda ayudar con dirección.

El viajero nos dio el paso
Habló con voz muy baja:
Ambos tienen fe de gente,
Ofrecen caridad muy valiosa
El respeto es evidente
Sagrada será visita a Chimayó.

En la Capilla de San Juan

Veo años de calor y fuerza
En paredes puestas en la fe
Los padres trayendo reliquia
Causando dolores de batalla
Se perdió la bolsa llena
Persiguiendo plata del desierto
Pasando días con la sed.

El credo nos mantiene
Y hay almas que salvar.

Perdóname Señor de mi orgullo
Y placer que me llega
En coger tierra abandonada
Con ansia por mi semilla,
Aprovechando mi labor
Mas cumpliendo su meta de revivir
Y generar esfuerzo poderoso.

La huerta es más grande
Para servirle a Usted.

LAS SEMILLAS SOLTADAS

Las semillas soltadas
Siguiendo siempre en la busca
De rendija o auxilio
En un rincón de verano,
Con destino por el viento
Porque se haya nadie
Que las crezcan sin violencia,
Sin orgullo y sin pasión.

Dame montes de la muerte,
Mares de dolores,
Un cielo sangrigordo,
Remolinos que me llevan
A tierras tristes del desierto.
Me muero de no saber
Si hay modo de existir
Torcido en mala condición.

La Colonia de San Gabriel

San Juan de los Caballeros,
Confluyo místico de ríos
El Norte y de Chama
Se empieza la colonia
En valle alto y bosque fresco.

De la marcha y alcance
Por fin estamos bien.
Probando agua pura, el pasto lleno,
Se cumple paz con Rey y Dios.
Lo pronto podemos descansar.

Lejos de familia y país paternal
Rezamos por salud con esta gente
En este día del maíz y pescado
Hablamos con sentido muy gracioso
El valor humilde que se trae.

Dones de los indios son del cielo
La piedad es maravilla
Es el digno de ser humano
Levantamos la señal por su parte
Que nos vamos a quedar amigos.

Es convenio de compartir el monte
Y poner sudor en huerta y la pesca,
Dispuestos con caballo y la mula.
Se multiplica la cosecha para siempre.

Nos tratamos como hermanos y hermanas,
La iglesia nos bendiga suegras y bisnietos,
Terreno grande habrá para todos,
Esta vida calma miedo y envidia.

Juntos podemos aprender seguridad
De agua pura y comida natural
Defendiendo pueblo contra todo malo
De acuerdo logramos valle de verdad.

Nacimiento en Diciembre

Atrás la iglesia torpe
Y ladrillos de dureza,
Cerca los trenzados
Sentados en resolana,
Volteando se van mudos.

Congoja oye la partera
Todavía me alza mano
Frío del invierno,
Se pone triste en la tarde,
De arena, viento y sudor.

Llega solo llanto,
Abriendo sin espera
El pueblo de la guerra
Sin miedo de lo que pasa
Renovarse es el caso.

El niño pobre sino libre
Cariño sin falta de la madre
Se llena de alegría
La vida de herencia
Empieza en camino nuevo.

En busca de paz pendiente

Nos ponemos despiertos en revoltijo
Al presentar gobierno nuevo
En busca de paz pendiente
Para gente gastada en el ruido.

Arreglamos casa con cariño
Pero queda polvo odioso
De pecados sufridos por envidia
No hay acuerdo entre amigos o vecinos.

Se pasan años lentos y pesados
Rezamos por la lluvia y casado lleno.
Dios nos cuida y se queda cerca
Regalando refugio y sanidad.

¿SERÁN PASOS DUROS?

¿Serán los pasos duros
Como los que siento hoy?
Aquí, solo en camino sigo
En busca con urgencia
El bosque de nopal
Y noria del descanso.

El sol consume uno
Se engrandece la distancia
La sombra me escapa
No sé la dirección.
Me trago más arena
Siento seco el resuello.

¿Serían los pasos duros
Ayer, como los de hoy?
No me acuerdo cuando empecé.
El deseo fue mi guía
¿Qué pasó con él?

Vida en Desierto

Hay gritos bravos en la noche
De peregrinos que fueron a Belén
Soñaban de milagro para ciegos
Aunque lo oscuro se quedaba fijo.

Se encontraban huesos del pasado
Piedras huecas de culebra,
Entrañas entrando por la ropa
Se pone largo tiempo al llegar de pie.

Las cosas que te digo aquí
Son secretos de mis padres,
Los golpes vienen de todo lado
No confié en nadie vivo.

Las tareas de cada día
Se vuelven salvación.
La criatura que nos sigue
Aprenden del peligro.

El milagro no es de este sitio
Los ojos están abiertos
Mis hijos creen en sí mismo
La cosecha viene de las manos.

Cena en el pueblo

Garbanzos gordos saltan
Entre chili del país picante,
El pozole muy calmado
Esperando pan bendito
Recién de hornos en la fe.

Invitado por mí amigo
Soy primero a la mesa,
Me sirven muy amable
El sabor de amistad.
Se ve razón para disfrutar.

Humilde es su casa
Con suelo natural.
Está muy fresco
Para descalzados
Que quieren descansar.

Era día de la fiesta
Del santo conocido
A misa fue la gente
La campana dio memoria
De los siglos ya pasados.

Hubo baile por los indios,
El tambor sonaba fuerte,
Temblaba cada corazón.
El ritmo era para siempre
Al frente estaba tradición.

El pueblo viene en la tinta
De creencia y religión.
Hay que celebrar realmente,
Somos compañeros por terreno
Estando juntos, gracias al Señor.

El hambre no pide alimento,
Y la fiesta no es de celebrar.
Se marca día de compadres
Los hijos se llevan bien,
Siendo poblanos con amistad.

Los indios se mudaron

El río norte se va secando
Y sin él se acaba todo.

Nuestra vida comenzó aquí.
Se perdieron brazos verdes.
Se cansa uno de la pena,
La lluvia juega con el tiempo.

Se acaba la dureza,
La miseria de tantos años,
Sin agua de acequia madre,
Los indios se mudaron
A cuevas del verano
Acerca de laguna cierta.

En las entrañas y los polvos
Que se ven en lomas gordas,
El calor se pone fuerte.
¿Debo de salirme yo?

El río norte se va secando,
La gente pasa y no son de aquí.

La fuerza vive en la luz

La luz del cuerpo
Una a otra viene verde
Con existencia de lo antes
La fuerza vive en la luz.

Moción y emoción de pareja
Dan energía que nos gira
Como mundos de madrugada
En tiempo se resuelven cada día.

Se mide todo por temporada
Crear y descreer de pareja
El juicio viene de escoger
Con años viene la hermosura.

El pueblo pasa

Los visitantes se ven culpable
Por los cambios que tu vez.
¿Te acuerdas de la gente
Que viajaron desde aquí?
Hablaban idioma de los santos,
De penitentes y chimajá.

Ahora se ven más rubios, comen chile
Y piloncillo, evitando la Santa Cruz.
Los jóvenes saben poco
De los pueblos, legado y la fe,
Apenas llegan a saludarme
Sin abrazo con frases de Inglés.

Aturdido, no me di cuenta
Delo nuevo y leyes de vivir.
Los impuestos se llevan tierra
De herencia e historia.
Me encuentro solo en camino
Sin meta clara o sentido.

¿Sera tiempo de retiro,
De rezar por salvación
Por pecados imaginados
Por orgullo de dominio
Del viaje y tortura que sufrí?
Siento prisa de acabar la cosa.

Se canta oración al terminar el día,
No hay hechos para adorar.
Se terminó el siglo de imperio
Hidalgos, ranchos y los cuentos
No hubo oro para todos
Se murió el mozo sin caballo.

LOS TECHOS DE MI PUEBLO

Los techos de mi pueblo
Están en escurana
Lejos de mi sentimiento
Poniéndolo en dolor.

Ellos son los que duelen
En mi mente de resolana
Siempre, actos en mi corazón,
Los tengo en mis manos
Saltan todavía así.

Estoy en modos de la noche
Haciendo daño cada vez
De pensar de pena grande.
¿Cuantos años son de todo esto,
Quebrando paz y contra sol,
Estando solo en el mundo
Mirándome con espejo de final?
¿Qué más será de este,
Hecho zonzo por mi padre?
¿Qué será de mí?

La luna no me llega

La luna no me llega
Por los ojos desvelados.
Las estrellas son las puyas
Que siento yo aquí.

El aire se pone amargoso
Direcciones atravesadas,
Los vientos hablan de otro lado
El sol calienta huertas viejas
Los ríos llevan cal.

¿Qué tierra será esta?
¿Cómo me llamo yo?
Me preguntan qué hago este día,
¿De cuántos mares soy?
La contesta no es cierta,
Las dudas multiplican
Por fin me sueltan al seguir
Bebidas fuertes en este tiempo,
Haciendo fácil la verdad que quieren.

Canto de mi siglo santo

Canto de mi siglo santo,
De gente buena y lo malo, rabia y tristeza
Rajada de mí alma y vida desanimada
Canto del signo de animales
Ardiendo de lo pasado y porvenir.

Se contiene amor como odio y la fuerza,
De todo diablo y la bendición.
¿Cuánto más habrá en cuerpos
Y mentes que no terminan de pelear?

Estos son los años de ladrar,
De los vicios que matan más y más,
En cada día y bendita noche
Al instante de esperanza
Y humilde tradición.

¿Cuándo podré contarte de lo bueno?
¿Por que se acaba la santidad?
Hay hechos de salud y hermosura
Ambas dulce como fe de niños,
Corriendo contra vientos del demonio.

Se encuentran ojos de extrañeza,
Que ven escarcha y rocío en cada temporada.
Ven igual salud del cielo y de cuerpo
Sobando el pellejo picado por maltrato.

Se esconde sanidad en pozo hondo
Con canciones confundidas.
¿Qué te digo de lo gustoso y creíble,
Música sin engaño con guitarra de verdad?

El siglo es mío

El siglo es mío, mío triste y de gozo
Bárbaro, feo y finito.
Son los años de borrar maldiciones
Y olvidar de hermanos y enemigos.

Contra paz será el siglo de palabras
Cantando lo que sienten,
Corriendo solas, juntas, entremetidas,
Y peleando por atención de salvajes,
Animales jugando en jardín.

El siglo es de habla
Usando dichos vanos, suaves, nuevos,
Que dirigen espacios de inquietud
Al oír cuentos de las monjas
Susurrando con espanto
Que mejor me quitan
Energía y momentos mentirosos,
Robando vida en mi mente
Su vislumbre consumiéndome.

El horizonte se ve verde, raro
Las huertas olorosas de amigos
Más vale sentir, sufrir el polvo ardiente,
Hecho por gentes fieles en verdad.

Esperare en aire fresco con piedad
Lo que viene tarde en tinieblas.
Son los años de la raza en rajillas
Mezclada en todos rumbos
Hay confusión merecida
Los inocentes gritan del dolor
No sé qué decirles
Cuando cielo se ve callado.

Están perdiendo el sentido
Del orgullo de ser hidalgo
En moneda, dioses, rosarios y bellas artes
Peleando siempre sobre ellas.

Flojos, sus bolsillos van vasillos
Ya se reconocen uno al otro
Van llenando esta copa de locura
Persiguiendo juegos de pasatiempo.

El siglo sufre un bostezo,
Depreciar el hombre sano,
Fabricar el mundo a su modo,
Se olvida la verdad
Y gana la palanca en elevar
Su puesto que desea
En momento del descuido.

¿Habrá juicio en el país poblado?
La gente no se daba cuenta
Sin molestia a su lado.
No sobra tiempo santo
Con lidiar labor y plebe.
¿Hay leyes para esto?
Tengo tanto que hacer.

QUE GRITOS DOY EN LOMAS

Que gritos doy en lomas
Vienen de soledad
Durante noche de molestia,
Con miedo que aprieta voluntad.

Las cosas que te digo
Son llantos suprimidos
Que esperan el mejor momento
Para espantar consciencia
En busca de solución.

El miedo se ha metido
Profundamente en mi mente,
En mi estimación,
Tengo duda del destino,
Que sea puesto con facilidad.

Me despierta en la noche,
Poniéndome tartamudo,
Mis amigos cansan de mis quejas,
Mi novia habla de dejarme.
El padre dice que me espere.

Pero esos llantos me ayudan.
Me pongo fuerte cada vez que lloro,
Mañana llego de estar listo,
Cumplo diez y ocho y me hago hombre.

Estos son los años

Recogen las migajas y semillas
Tiradas a los que vienen a baile tarde.
Nos vestimos con ropa apropiada
Se aprecia que hablemos el idioma
De la casa con respeto y sin acento.

Tal vez no encuentras almas
Pesadas, pensando en lo que era,
Propia y con indios e iglesias,
Se acabara las razones de llorar
En este siglo triste de esperar.

Estos son los años, compadre, de dejar
El vicio de imaginar mundo consentido.
Ya se ve el fin de época,
Donde fueron éxitos de querer.
Por lo que es bendito y con cuidado
Darte cuenta de este siglo transitorio.

A los que quedan, ya cansados, medios muertos
Que valen poco en el mercado o la ley,
Vamos todos, juntos, adelante
Dejando nuestras madres de cariño,
Dejando caer orgullos falsos, dioses vanos.
Iremos a la medida que nos consume,
Dejando caer lo humilde, lo sencillo
Iremos al país de masa rica,
A mente junta y ojos cerrados,
Uniforme en el pensamiento.

Vamos todos a sitio imaginado, renacido
Como babilón de calles hechas por estado,
Este es el siglo, siglo cierto de decisión.

De lo que tiemblo es el nuevo mundo

Lo que temo es el nuevo mundo
Sin mi casa y sin mi sol,
Las otras muertes que debo dar.
Soy herido de herencia,
El confesor no ayuda,
De esto tiemblo y como estar así.

Mi habla es de tonto,
La mente es de tierra vieja,
Las leyes son de confusión.
Yo me escondo de luz extraña,
Envuelto en los pueblos,
El mundo pasa y pierdo más.

Te encuentro en la calle
Riéndote de mí traje
No me das tu mano
Se niega la amistad.
El engaño duele como pulla
Que entra en descuido.

Pido consejo del americano
De cómo hablar inglés.
Me trata como mozo,
Me pone limosna en la mano.
Siento atrasado y de pobre clase
No se fija de mí nombre.

Era tarde de vergüenza
Encontré abuelo con cabello blanco.
Empezó a contarme
Que no hay nuevo mundo,
Le gente muere pero no se cambian
Los valores del sentido o amistad,

Mis llantos ya no son,
En la noche duermo muy tranquilo,
Mi novia está contenta,
Mis amigos me ponen atención.
Animado, sin falta cada día
Cuento hechos con orgullo.

Es un deseo

Es un deseo que corre por mi mente
Porque es misterio del nacimiento.
En la tierra de este río y monte alto
No creo en mañanas de esperar.

Es una fase que no se esconde
Se clava como la cultura nuestra
Como la madre que nos empuja
Para crecer y aspirar con voluntad.

La tortura viene en el miedo
Del color y retraso puñaleado.
La puerta abierta es del deseo
Desde la entrada cae la vida decidida.

Las acequias de Santa Fe

Las acequias de Santa Fe
Se ven secas y devoradas,
Las huertas hechas en concreto
Donde esconden vagabundos.

En la calle Alameda
Se oye eco de las aguas
Y la visión de lirios
En umbro de la maravilla
Del sitio para peregrinos.

Fue el destino de aspirantes
Y los jóvenes en busca peligrosa,
De monte rico bajo cielo azuloso,
Lejos de envidia y puestos de herencia,
Era ciudad de oportunidad.

Se hicieron pobladores con los santos
Cuidando ganado y las matas
De acequia madre y labor de alma.
Había campana que sonaba al fin de día,
Invitando indios a celebrar la misa.

Los días eran de adobe y frijol
En desarrollo al principio.
El soldado fue ángel guardia
Para las familias bajo pino y tiemblo
Asegurando ejido para todos.

Después de guerra y revuelto,
Reunirse con la tierra era el deseo,
Todavía se ven los pobladores
En la plaza disfrutando
El sitio de los sueños antes.

Hace viento

Hace viento este día de tormento
Me llaman huérfano de olvido,
El problema sale del recuerdo.
¿Española dónde estás?

Cierra de ojos no ayuda,
Lagrimosos sin razón sencillo,
Sin lluvia santa se pierde sanidad
En seguida polvorea cubre la verdad.

La edad escoge cual hecho escurrir.
Dile que venga preparada y pronto,
Mi tontería engrandece con los años.
Ando en la noche escandalosa
Entre hombres que se hablan
Lenguas que no entienden.
¿Española dónde estás?

ANOCHE ANDUVE CON OÑATE

Anoche anduve con Oñate
Y me preguntó por ti.
Cree todavía que eres hijo regio
Establecido en buena fe.
No hallaba los llanos caminados
Que tomó para evitar pena y peligro
Y cumplir con promesa de su nombre.

Espanto dio cuando vio escaso
De los años de inversión.
No encontró huertas grandes
O ganados blancos en vislumbre.
La cosecha era triste;
El caballo estaba flaco;
El robo fue bastante - era su conclusión.

Me despedí del señor desgraciado
Por la gente que soportó.
Lagrimoso, me dijo de un encuentro:
La gente estaba quieta, tal vez cansada
En ambiente desanimado y solo.
Vi que los niños no me daban ojos,
¿Dónde te duele?, le pregunte a uno,
Abrió la boca aquél y me enseño su corazón.

Despierta cielo mío

Despierta cielo mío por mi caso
El suelo mueve y azulejos caen
Un abrazo tuyo quieta lo que gira
Y me siento con gracia celestial.

Tengo miedo de la muerte en la juventud
Porque quita tantos años de amar la vida
Quiero que me sanes del dolor pulsando
En mi sueño y durante día santo sin cesar.

El peligro es de no saber la cura cierta
En este tiempo de enfermedad.
Los libros me aburren en esta cama de encierre
No hay música para ponerme quieto.

Cércate de mí, sin molestia te pido esto;
No me tajes, cielo mío, porque quiero
Quitarme del escalofrío y pesadilla
Que persiguen como diablo dirigido.

Es tiempo de no creer mentira de amigos
Dicha con buenas intenciones,
Sé que mis huesos no hablan del engaño
O despecho de la lucha de mi cuerpo.

Cielo mío, tienes el poder de fe
Pero no alcanza a cambiar destino.
Te paso el amor de amigos y mi novia
Te doy gracias por caridad inmensa.

Siento que la hora ha llegado
No hay retardo del coche negro.
Me invitan a empezar el viaje
Te dejo mi parte de eternidad.

Me dio un miedo

Me dio un miedo anoche
Cuando yo esperaba
La luz prometida
Y un descanso merecido
Por los hechos de buena fe.

La sombra se volvía el pecado gris
Y su humo odioso penetraba todo.
Era pesadilla de otro mundo, por lo cierto
Otro país desconocido.

Nadie sabía de donde vino
Y porque nos amenaza
Me puse el escapulario
Con bendición de misa.

La forma hablaba ronco
Cuando oí los gritos de un ángel
Alzo él un puño
Con ojos grandes y
Frente de sudor.

Parado firme en altura
Que extiende al final
Por todo el tiempo de vivir
El sueño no se explica
Porque el miedo se mete así.

¿SABIO, DÓNDE ESTÁ MI TIEMPO DE VIVIR?

¿Sabio, dónde está mi tiempo de vivir

Me muero esperando
La cruz de bendición.
¿Qué tiempo será designado
Para contemplar en serio
Mis éxitos en la vida dirigida?

La duda viene vez en cuando
Indicando con un grito
La senda comenzada
En el bosque de las leyes
Donde mueren los ancianos de dolor.

¿Será mejor, sabio mío,
Quedarse aquí, en la cueva
Calentito, tranquilo y lejano
De animales que devoran fuerte
Cómo serenes afuera en el frío?

El abrigo me oscura cielo,
Y disminuya bulla de los tratos
Con el gusto de divertimiento,
O los actos que matan tiempo.

¿Sabio, dónde está mi tiempo de vivir?

La merced de Dios

Mis chavos llegaron hoy con alegría
Y fui por provisiones de un pobre.
El viaje era corto sin problema,
Dando que gasté el bolsillo pronto.

En mi regreso encontré plebe de vecinos,
Flacos de lidiar con miseria.
El mando no dejaba pedir limosna,
Sus ojos no escondían hambre.

Hacía calorcito del mediodía
Todos se habían puesto a descansar,
Lento era el vuelo del gorrión,
No pude escapar la merced de Dios.

Llame a los chamacos algo lejos.
Asustados del llanto de un viejito.
Obedientes, se acercaron rápido
A dar auxilio al abuelo.

Andaban descalzados los niños ese día,
Y pensé de mis compras pocas,
Los granos de maíz y lentejas rojas,
La carne seca y chile verdecito.

Los inocentes no ven daño ni dolor
Confundidos, se miran uno al otro.
Aquí les regalo estos comestibles
Díganles a sus padres que me sobran.

Se alargaron pronto esos chicos
Ala dirección de sus padres.
Era santa hora del almuerzo
Pero mi hambre se había huido.

Empáqueme madre mía

Empáqueme madre mía,
Voy a califa delos sueños
Donde se haya tierra dulce
Cantando de siembra buena.

Me busco un coche viejo
Que me lleve a los puestos
Con pago en los reales
De valor Americano.

Aunque sea pobre joven
De un pueblo en los montes,
De inmediato me ponen a trabajo,
Sobre tareas de importancia.

Tengo cita con los jefes,
Averiguar mi sueldo de mañana
Y los años de carrera increíble.
¡Madre, tengo prisa de llegar de pronto!

En Califa habrá cosas para mí.
Tal vez mi novia me da ojo
Cuando tenga pantalones finos
Con bolsas llenas de oportunidad.

¡Madre mía, empáqueme, empáqueme,
Me voy de pronto!

Progreso que nos lleva

Progreso que nos lleva
Por camino sin destino
Confiando en la juventud.
El interés que sea lo extraño.
Lo nuevo y curioso arte,
Divertido por las horas
Que no se pueden redimir.

La ley es de los que tienen
Reino fino de los grandes,
Cobrando plata para el rey.
Hay que ofrecer los dones
De hogar y nuestra sangre
Suplico que no nos lleve
Al oso de la noche.

Libertad si nos cuesta
Y la pedida no descansa.
Es fácil cantarle rico
A los que mandan fijo.
No soy el dueño
De tierra ni de agua
Mientras espero confundido.

Mi madre me dice

Mi madre me dice
Que me espere
Porque la fruta no madura
Hasta que llegue el Señor.

Nuestro caso no es de prisa,
Hay que aprender las cosas.
Se tarda la maestra
Que viene con lección.

En seguida serás un hombre
Con sombrero de un alto.
El sueño te pone listo
Para saber de tu puesto.

Las estaciones corren como rio.
El ánimo se hace santa vela,
Brilla, luego se acaba
Y se pasa la corta vida.

En esta nube roja

En esta nube roja
Busco los vivientes
De la tempestad.
Se perdió la gente
Cuando se metió el sol.

Llegó el viento
Seco y de polvo.
Oigo llantos de tristeza
En la noche sin estrella
Somos solos en dormir.

Nos consume humo agrio,
La ánima se pone lagrimosa,
Contamos menos cada día.
Se acaba la cordura,
Solo queda nuestra fe.

Cuenta las alamedas

Cuenta las alamedas
En la noche con los grillos.
¿Dónde están las estrellas?
Mi guía se perdió.

Busque el puesto prometido
Solo encontré el jefe
Y me preguntaba
¿Pertenece Usted aquí?

Ando cansado en mesa alta
Contando caballos sueltos.
De repente se me mete sueño,
Las campanillas sonando en la tarde.

Corriendo no me voy,
Que me falta el dinero,
El destino no es cierto,
Estoy confesado con piedad.

Indios que no me hablan
Apretando ojos prietos
A no ver lo perdido
Y no realizar la verdad.

Los santos se han ido
No esperaron la conclusión
Del esfuerzo de tantos años
Me quedo abandonado.

CONTRA LOMAS BLANCAS

Contra lomas blancas
Que lloran por la lluvia
La vida se pone dolorosa
Y se me pierde la voluntad.

De demonios si me acuerdo
Que viven en las cuevas
Y dan espanto a los que dudan
De sus males en el día.

Sobre mesas ya no hayo
Chimajá que me cura,
O los vientos que me chiflan
Los cuentos de ayer.

El maíz no suena gordo.
Nos iremos a comer
A lado del río puerco,
Lo poco que nos queda.

Mis compadres se han ido
A lugares más conveniente.
Me dejaron a lidiar
Con gentes que no conozco.

Descalzado en el polvo,
Vestido como penitente,
No puedo caminar
Sin memoria de mis padres.

Averiguar simplemente

Los hijos van conmigo
Contra vientos en los llanos
A la casa americana
De terrenos platicar.

No se cuentan padres míos
O el sudor de noria o de hogar.
¿Dónde está registro?
¿El impuesto cuando pagó?

Antes me faltaban reales.
Ni caso me ponían
Si me muero en seguida,
Me cobran la cosecha.

Gentes no hablan el idioma.
¿Serán mis hermanos?
Lengua en compromiso
Se pierde en traducción.

Los hijos me recogen,
Hablando en inglés.
Pronto el asunto se termina
Y la regla se cumplió.

Viviendo en los siglos
Dios nos ha cuidado.
La tierra era madre nuestra
Mientras el trabajo sea duro.

El futuro es del genio,
La capaz y energía,
¡Bendíganos padre nuestro!
Estamos listos con los hijos.

En camino siempre yendo

En camino siempre yendo,
Cuanta vez corriendo,
Alcanzando etapas de pérdida,
Todo cerrado y vacío,
Llantos que no oigo
Por santos de la gente,
Me caigo sobre
Cuerpos jalando sin cesar.

Que me lleven en lo negro

Que me lleven en lo negro
Porque no aguanto
La cuerda que me dan.
Iré contra aguijón
Sin pozo blanco
Contra tradición y muestra,
Llagas en el viento
Pero a no huirse de los mares,
Probando venenos que encuentre,
Serpientes que veo en el sueño,
Solo con blindaje de papel.

PENA DE LA MADRE

¿Viene lluvia de nuestra fe?
Me pregunta el niño otra vez.
Quisiera ver un milagro
Que cure pena de la madre
Y que deje de llorar
Por calmar la inquietud.

Tartamudo del día vano,
Tarde del consejo viejo,
La garganta seca de sentido,
Perdí palabra de decir.

El niño ya va lejos
Con vista fija en el suelo,
Futuro roto como juego.
Lentísima es su anda
No se oye nada de su cielo.
El sol sigue con sus llamas
Nos quedamos mudos todos
Unas nubes mirando palidez.

Viéndonos en paredes quietas

Viéndonos en paredes quietas
En cuerno inestable
Se queda uno mudo,
Andando con el golpe
De la tarde amarilla.

¿Que esperamos más?
¿De historia llena de mentiras?
¿La bandera de Jesús?
No tapa la traición
De molestar la vida pura
Ni robo de valor humano.

Estoy a lado de río fuerte
Que suena la gloria de la nieve
De siglos y años antes
Las guerras que no terminan
Sobre ideas que no importan.

Salí de la puerta donde entré

Salí de la puerta donde entré
Varios años antes
Con alegría de juventud.
Esperaba encontrar la pasión
Que nos lleva a metas de gigantes,
Éxitos con razones libres.

No sabía de senda dura.
Se pierde uno en detalles.
El enfoque no es fijo.
La luz se mueve mucho.
Todo es importante
Y no hay tiempo de pensar.

Salgo medio tonto.
Confianza que se escapa,
Entiendo la tarea.
Hago lo que puedo.
Me gritan que soy el flojo,
Conformarse es el plan.

Los días como pasos lentos
Se cuentan las espinas largas
Que se tiran constantemente
En este bosque extranjero.
No sé si hay sentido
Para seguir hombre abandonado.

Se murió la buena gente

Se murió la buena gente
Que salvó el día antes,
Le sobraba el cariño
En tiempo de necesidad.

Su sonrisa ponía día feliz.
Los dolores se quietaban.
La tristeza volaba con vapor
Sin cobrar el beneficio.

Con el dedo me tocaba
Y la pena desapareció
Y se queda el gran apoyo
Que pueda ir solo yo.

La muerte viene en la noche

La muerte viene en la noche.
Como un ladrón hambriento,
No sabe de justicia o compasión.
Trae el sus órdenes fijas
Y anda ciego de los pleitos.
Suplicarle llega a molestarlo,
No teniendo medida de conciencia,
La hora y fecha son final.

Se tarda mucho ser amigo

Se tarda mucho ser amigo
Diez mil y más de horas
Apenas sé tu nombre
Falta la historia de amistad.

Hablamos de las penas,
La cuestión de miles libros
La fidelidad de cultura
Y tentación de celebrar.

Llego a confiar mis ideas,
Si tiene duda el compadre,
La espera es bastante
Para estar de un acuerdo.

La señal de un abrazo,
Mis saludes llenan aire.
La fe se pone dura
Destapándose casi nada.

El sol se mete pronto.
Averiguar se tarda mucho,
Tropezándose con palabras
No se entiende uno al otro.

Se quedan cercos en los siglos,
Se pasa la tarea de compromiso.
El enigma gana otra vez
Con batalla bruta para inocentes.

Tenemos tiempo para guerra.
Aspiramos la vida buena,
Nos cuesta mucho entender
El valor de ser amigos siempre.

LA PELEA VIENE DEL ORGULLO

La pelea viene del orgullo y algo vano
Gastando tiempo y el premio de esfuerzo.
El enojo sin sentido es la plaga llena
Que tropieza realmente como paradoja.

Perdemos amistad y destino compartido.
Se alcanza poco con angustia que no para.
La guerra sigue entre hijos de la madre
Perdiendo sangre de mundos amarados.

¿Eres tu trigueño o eres chino malo?
¿O eres matador de padre por la mirada?
Era hombre bueno y sincero
Conocido por su guitarra y voz antigua.

Me hablaba de envidia y hambre de goloso.
El castigo suyo era de su nombre,
De su idioma y cultura de lo antes.
Fue extranjero en su propia casa.

Me contaba el valor de tierra o la huerta.
El mundo gira, sus ojos me cantaban,
No pude mejorar ambiente duro que no muera.
Que lastima que no haya cura de la plaga.

El diablo me espera en poco rato, aunque no merezco
Los gritos malos de hermano.

Algún día nos podemos ver

En el principio la amistad oscila
Como mundo y la luna,
Por fin la fuerza es constante entre amigos
En la sombra del sol poderoso
Que domina sin predicción.

La cuerda no es visible
En tal caso la distancia es variable
Con el tiempo sin razón.
Dos vidas siguen metas diferentes,
Contratos que se hacen,
La carrera dedicada por causalidad.

Era tiempo muy sencillo,
Nos portamos sin engaño;
Cada día era fiesta
De cosas nuevas y aprender
De lo feliz y tristeza
Que es asunto sin solución.

Te llame ayer a saludarte
Después de viaje y promesas,
Pero estabas en compromiso y
Deje recado de antigua amistad.

La vida nos obliga en un momento
Seguir caminos de la suerte,
El sentido que no entiende
Y perdemos juicio de ser humano.

El día pasa y sabemos poco
De que es importante,
Eres hombre con un nombre
Reconozco de años olvidados.

Estamos lejos de reunión
Sin abrazo de lo antes,
Y falta la juventud de recuerdos.
Algún día nos podemos ver.

Pintaremos hechos como quieras

La historia estaba bien ayer
Pero hubo gente que se molestaba.
Hablaban que tal imagen le faltaba
Color de tribu de su parte.

Abandonando imagen ya muy fácil,
Somos juntos en sentido
Con la orden de amenazar
Hasta cambien lo que no podemos aguantar.

Me parece que yo no tengo culpa
De historia o de hechos
Opino por mi tribu
Castigo hasta cambies.

No importa qué imagen o figura
Tenga importancia
Me molesta que se hable
De héroes que no quiero.

Es otro caso que argumento
Se mete entre tribus
Para causar molestia
Que cuesta tiempo y esfuerzo.

Otra vez vamos a revisar
Historia de la guerra,
Razones por los muertos
Para ver quien sufre más.

¿Cuáles son los inocentes,
Y cuales son los que roban?
¿Cuáles son que destruyen,
Y cuales quieren vivir en paz?

Pérdida en San Juan

Me pierdo en las lomas
Entre chicos y la pluma
Con miedo de culebras
Y oscuro de la fe.

Encuentro arena en la cara
Vientos que me pican
Jugando con la mente
El susurro de la muerte.

Las huellas me llevan lejos
De brazos de amistad
Afuera ciclo de la vida
Entre perros de lo malo.

Por fin mi corazón palpitante
Se acaba su fuerza de seguir
Caigo a rodillas, mi resuello lento
En espera de coche negro.

Vocabulario regional de Nuevo México

Adobe – ladrillo hecho de zoquete y paja
Alcanzar –llegar a nivel deseado;
Apreciar – poner atención
Atarantado – condición de desmayo
Atravesado – a lo contrario
Atrevido - aprovechado
Azonzado – sin sentido
Bulla – ruido; rumor;
Chamizo – artemisa, campo de artemisa
Chico - arbusto del desierto
Chimajá (Tewa?) – mata con raíz comestible con flor amarilla.
Cholla – forma de cacto
Desgraciado – deshonrado
Devorado – sucio, desarreglado
Juego – lumbre, partido (divertimiento)
Jura – policía
Ladino – inteligente
Muino – de mal humor
Remolino – desorden
Sospiro – suspiro
Suave – fino
Trato – negocio de tienda
Tren – cosas personales como muebles
Vagamundo(a) – vagabundo(a)
Zafado – necio

Guía de Lector

Entrevista con el autor

Q: ¿Qué quiere decir con el concepto de "sombra?"

R. Sombra es el aspecto de la personalidad del ser humano que se trata con miedo o terror, reacciones que surgen de lo que consideramos lo "malo" o "odio."

Q: ¿De dónde viene su interés en amor y sombra?

R: Creo que las actividades asociadas con amor y sombra preocupan cada persona en diferentes modos pero es indisputable que son temas de importancia significativa. Por supuesto son temas que causan mucha pena. El porcentaje de tiempo que se gasta en lidiar con cualquier tema es bastante. Siempre quiero explorar las dimensiones de éstas temas para entender la interacción entre dos personas.

Q: Su poesía utiliza términos asociados con lenguaje y lugares de Nuevo México. ¿Que no le parece que esos términos causan el lector más dificultad en entender el sentido de su poesía?

R: Cada idioma tiene vocabulario regional que refleja aspectos geográficos, flora y fauna, modos de vivienda, y simplemente, el desarrollo de la lengua consistente con los requisitos de la población. El poeta intenta capturar el ambiente de la región con términos relevante.

Q: Hay tanta poesía con tema de amor. ¿Como pudiera describir su contribución, o mejor dicho, la diferencia entre sus poemas y la bastante literatura que existe sobre ese tema?

R: Para contestar esa cuestión cada poeta tuviera respuesta diferente porque no hay razón por una pieza de literatura, especialmente sobre el tema de amor. Primero, es una fuerza inexplicable que causa la creación de un poema. Por cierto, no es el pago monetario. Cada artesano siente el bienestar con su creación. Secundo, hay bastantes dimensiones de amor entre personas. Agregando tiempo, lugar, ambiente, y actitud se multiplica esas dimensiones para llegar a un número enorme de situaciones que involucra amor. Nuestra especie depende en amor y su complejidad genera hoy y mañana observaciones por la literatura de su potencia sobre la vida.

Q: En su poesía sobre el tema de sombra se encuentra términos oscuros, como noche, muerte, diablo, neblina, coche negro, y otros. ¿Qué más quiere implicar con esas palabras?

R: Se genera emoción con el uso de esos términos, una emoción no agradable y tal vez enlazada con asuntos pasados del lector que evocan miedo, tristeza, o pena en su vida. El término usado intenta ayudar el lector entender que tal emoción es parte de la vida y se puede acomodar con calma.

El Autor

Andrés C. Salazar nació en San Juan Pueblo (ahora Ohkay Owingeh), Nuevo México en los Estados Unidos. Hablaba solo español y el idioma del pueblo – tewa – hasta que empezó escuela pública a la edad de cinco años en Española, Nuevo México. Ahí aprendió inglés y termino su educación secundaria. Recibió su Maestría de la Universidad de Nuevo México (UNM) y luego terminó su doctorado en la Universidad de Michigan State en East Lansing, Michigan. Después de treinta-cinco años de empleo en Nueva Jersey, Massachusetts, Florida y Georgia, el Dr. Salazar regresó a Nuevo México como UNM profesor and ahora vive en Santa Fe.

Printed in the United States
By Bookmasters